Serpientes

Rachel Firth y Jonathan Sheikh-Miller

Diseño: Cristina Adami,
Nickey Butler y Neil Francis
Ilustraciones: John Woodcock

Redacción: Gillian Doherty
Asesoría: Chris Mattison y Kevin Buley
Dirección editorial: Jane Chisholm   Dirección de diseño: Mary Cartwright
Manipulación fotográfica: Roger Bolton y John Russell

Traducción: Pilar Dunster
Redacción en español: Cristina Fernández y Anna Sánchez

Índice de materias

Links de Internet

Los recuadros intercalados en el texto contienen descripciones de páginas web relacionadas con el tema del libro. Para poder visitarlas necesitas tener acceso a un ordenador conectado a Internet.

★ Al lado de algunas de las ilustraciones encontrarás este símbolo. Indica que puedes descargarlas desde la página web de Usborne www.usborne-quicklinks.com/es

Hay más información sobre el uso de Internet y la descarga de ilustraciones en el reverso de la cubierta del libro y en la página 62.

Ilustración de página: Víbora pestañosa
Página anterior: Mamba verde del Oeste de África

¿Qué es una serpiente?

E xisten más de 2.500 especies de serpientes, también llamadas ofidios, que pertenecen a un gran grupo de animales: los reptiles. Es muy fácil reconocer a las serpientes porque tienen un cuerpo cilíndrico, alargado y sin extremidades.

De la familia

Este reptil es un camaleón y está emparentado con las serpientes.

Las serpientes están emparentadas con los cocodrilos, los lagartos y las tortugas. Todos ellos son reptiles, tienen el cuerpo cubierto de escamas y se les llama animales de sangre fría, porque su temperatura cambia con la del entorno. Los ofidios suelen alternar entre el sol y la sombra para entrar en calor o refrescarse.

¿Dónde viven los ofidios?

Los hábitats de los ofidios son muy variados. La mayoría son terrestres o arborícolas, pero también hay especies de costumbres subterráneas y especies acuáticas que habitan en las aguas de los ríos y los mares.

Esta culebra estival verde vive entre la hierba y los arbustos, trepa por los árboles y nada en los arroyos y riachuelos.

Link de Internet

Visita un sitio web que contiene un índice de fotografías de muchas especies de serpientes.

Para acceder a la página reseñada y a otros muchos sitios web visita:
www.usborne-quicklinks.com/es

La víbora de Peringuey vive en África, en el desierto de Namib.

En todo el planeta

Hay serpientes por todo el mundo pero son más comunes en las zonas tropicales, donde el clima cálido les permite mantener una buena temperatura corporal. Sin embargo, las serpientes sobreviven en todo tipo de lugares: el desierto, la alta montaña y hasta el círculo polar ártico.

Esta víbora colgadora verde vive en la selva tropical de Costa Rica.

Serpientes de todo tipo

Aunque las diversas especies de serpientes tienen en común la forma del cuerpo (anatomía), pueden tener un tamaño muy diferente. Algunas miden 5 veces más que un ser humano y otras menos que la planta del pie. También lucen una gran variedad de dibujos y colores.

¿Inofensivas o peligrosas?

Existen muchas especies de serpientes, la mayoría inofensivas para las personas. Sólo un número reducido entre las 400 especies de mordedura venenosa puede poner en peligro la vida del hombre.

Las escamas puntiagudas encima de los ojos de esta víbora le han hecho merecer el nombre de víbora pestañosa.

Dato: Aunque las serpientes están distribuidas por casi todo el mundo, no existen ni en los espacios naturales de Irlanda ni en los de Nueva Zelanda.

La anatomía y el esqueleto

A primera vista no se notan grandes diferencias entre las serpientes, pero fijándote bien en la forma del cuerpo, es muy posible que puedas adivinar en qué tipo de hábitat viven.

De tres formas

Las serpientes tienen tres formas básicas. Las de cuerpo cilíndrico hacen vida subterránea y se deslizan con facilidad por tierra y arena. Las que tienen la parte inferior plana son arborícolas y capaces de adherirse a superficies ásperas, como la corteza de los troncos. Las de cuerpo delgado también suelen vivir en los árboles y la forma que tienen les permite mantenerse rígidas cuando se deslizan de rama en rama.

Tres tipos de cuerpo de serpiente vistos en sección transversal

cuerpo delgado

cuerpo cilíndrico

parte inferior plana

Esta serpiente asiática nariguda tiene un cuerpo delgado y ligero, ideal para deslizarse por las hojas sin doblarlas.

Lentas o ligeras

Muchas de las serpientes delgadas viven en los árboles y, como pesan tan poco, se pueden deslizar por las ramas más frágiles sin quebrarlas; otras viven en campo abierto. Todas son rápidas y capaces de perseguir a los animales que les sirven de alimento.

Las serpientes más gruesas y de menor longitud, como las víboras y las serpientes pitón, suelen reptar despacio y no persiguen a otros animales ni se suben a los árboles.

Cambios de forma

Algunas serpientes pueden cambiar la forma de su cuerpo temporalmente. Por ejemplo, la víbora europea puede aplanar su cuerpo. Lo hace cuando va a tomar el sol. De esta manera expone la mayor superficie posible de piel a la luz solar y absorbe el calor con más rapidez.

Link de Internet

Explora información básica sobre ofidiología y pincha en **organización interna** para ver el esqueleto y la dentadura de las serpientes.

Para acceder a la página reseñada y a otros muchos sitios web visita: **www.usborne-quicklinks.com/es**

Dato: A muchas serpientes sólo les funciona un pulmón: el derecho. No hay espacio suficiente en su cuerpo para que funcione el pulmón izquierdo, que es mucho más pequeño.

Órganos a medida

Aunque la forma de las serpientes puede variar, suelen tener el cuerpo largo y delgado. Los órganos internos, como el corazón, el estómago, los pulmones y los riñones, también son alargados y delgados y están protegidos por el esqueleto de la serpiente.

El dibujo muestra cómo son las serpientes por dentro.

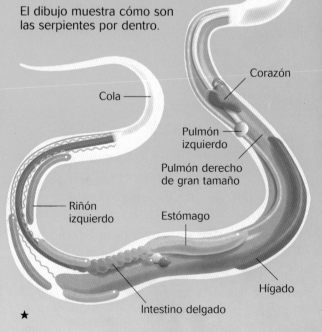

Cola

Corazón

Pulmón izquierdo

Pulmón derecho de gran tamaño

Riñón izquierdo

Estómago

Hígado

★

Intestino delgado

El esqueleto

El esqueleto de las serpientes está formado por el cráneo, la espina dorsal (formada por vértebras) y las costillas. Los ofidios tienen más vértebras que ningún otro animal.

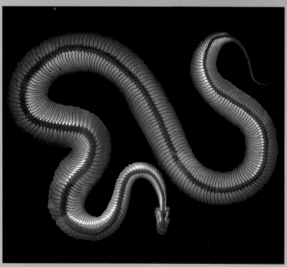

La zona oscura que aparece a lo largo del cuerpo de la serpiente es la espina dorsal.

Las costillas son curvas y están unidas al cuello y a la espina dorsal. Las serpientes pueden tener entre 150 y 450 costillas, sin ellas no podrían sostener la gran masa muscular que necesitan para desplazarse reptando y para cazar.

La piel y las escamas...........................

Todas las serpientes tienen la piel cubierta de escamas. Son de distinto tamaño y forma, según el lugar que ocupen en el cuerpo.

Lisas y ásperas

Muchas serpientes tienen escamas muy brillantes que les dan un aspecto húmedo y escurridizo, pero si las tocaras comprobarías que son suaves y secas al tacto. También hay serpientes ásperas y sin brillo, como las víboras sopladoras, debido a la disposición de las escamas.

Escamas ásperas de la víbora sopladora

Las escamas dorsales de la boa esmeralda son suaves.

Escamas dorsales de la culebra rata

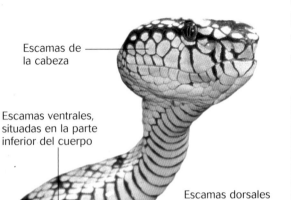

Escamas de la cabeza

Escamas ventrales, situadas en la parte inferior del cuerpo

Escamas dorsales en hileras, situadas en el dorso de la serpiente

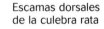

Escamas subcaudales, situadas debajo de la cola

Escamas protectoras

Las escamas forman un escudo protector sobre el cuerpo de las serpientes. Las protegen de las picaduras de los insectos y también de las mordeduras que reciben de los animales que intentan defenderse de su ataque.

Esta víbora cornuda del desierto tiene dos escamas especiales detrás de los ojos que parecen dos cuernecillos, pero no se sabe con certeza para qué sirven.

Combaten el calor

Algunas serpientes viven en lugares muy secos y calurosos donde no sobreviven muchos animales. Si la serpiente lo logra es porque las escamas mantienen la humedad del cuerpo y evitan que se deshidrate. Si no fuera así, morirían.

Link de Internet

En esta dirección puedes ver fotografías de una serpiente mudando la piel. El texto es en inglés.

Para acceder a la página reseñada y a otros muchos sitios web visita: **www.usborne-quicklinks.com/es**

La muda

Cuando los ojos de una serpiente se nublan, como los de esta culebra rata, está a punto de mudar la piel.

A lo largo de toda su vida y según van creciendo, las serpientes producen piel nueva y se desprenden de la antigua. La muda tiene lugar de una vez y la piel suele salir completa. Podrás identificar a las serpientes que acaban de mudar de piel porque la nueva tiene mucho brillo.

La serpiente empieza por rasgar la piel frotando la cabeza contra algo duro.

Luego hace movimientos con el cuerpo para quitarse la piel, que sale vuelta del revés.

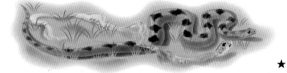

★

Cuando se ha desprendido de toda la piel, la serpiente se marcha y la abandona.

Dato: La culebra de Montpellier y otros ofidios que viven en la arena "sacan brillo" a sus escamas con un líquido aceitoso que les sale del hocico. No se sabe por qué lo hacen.

Formas de locomoción......

Te parecerá que desplazarse sin patas debe ser difícil para las serpientes. Lo cierto es que les resulta muy fácil porque reptan con la parte inferior del cuerpo y hacen movimientos tan sorprendentes como variados.

Movimiento serpentino

La mayoría de las serpientes avanzan apoyando una ondulación del cuerpo tras otra en los guijarros y accidentes del terreno. Este tipo de locomoción en forma de "ese" se llama movimiento ondulante o serpentino. El movimiento que utilizan para nadar es muy parecido.

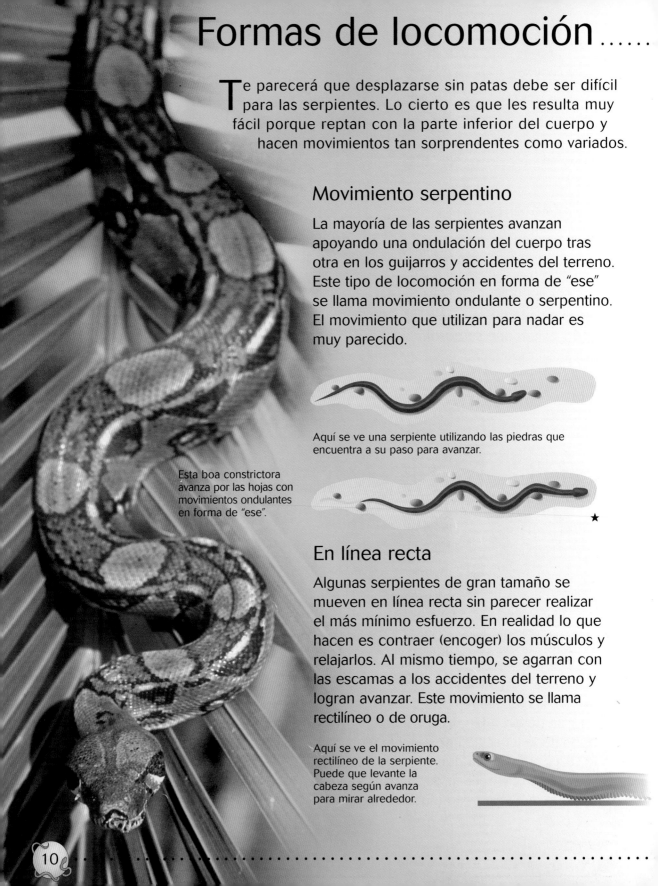

Aquí se ve una serpiente utilizando las piedras que encuentra a su paso para avanzar.

Esta boa constrictora avanza por las hojas con movimientos ondulantes en forma de "ese".

En línea recta

Algunas serpientes de gran tamaño se mueven en línea recta sin parecer realizar el más mínimo esfuerzo. En realidad lo que hacen es contraer (encoger) los músculos y relajarlos. Al mismo tiempo, se agarran con las escamas a los accidentes del terreno y logran avanzar. Este movimiento se llama rectilíneo o de oruga.

Aquí se ve el movimiento rectilíneo de la serpiente. Puede que levante la cabeza según avanza para mirar alrededor.

Como un acordeón

Para moverse en espacios reducidos, un túnel o una madriguera por ejemplo, las serpientes ondulan y estiran el cuerpo. Al ondularse, encajan una mitad del cuerpo entre las paredes del túnel y se dan impulso para empujar la otra mitad hacia adelante y arrastrar el resto. Este movimiento se llama de acordeón.

La serpiente ondula el cuerpo para encajarlo entre las paredes del túnel.

Ahora se da impulso y avanza la mitad delantera del cuerpo.

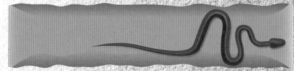

Ahora ondula la parte delantera del cuerpo y arrastra el resto.

Link de Internet

Sitio web dedicado a todos los métodos de locomoción que utilizan las serpientes, desde los más comunes hasta los más especializados.

Para acceder a la página reseñada y a otros muchos sitios web visita: **www.usborne-quicklinks.com/es**

Ondulación lateral

A muchos ofidios les resulta difícil deslizarse por superficies llanas o movedizas como la arena, porque no hay ningún apoyo para darse impulso. Las serpientes del desierto solucionan el problema avanzando de lado. Adoptan una forma que parece un bucle y echan la cabeza y el cuerpo hacia adelante pero de lado, repitiendo este movimiento de ondulación lateral para avanzar.

Esta víbora africana deja unas marcas muy visibles cuando repta de lado por la arena.

Dato: A diferencia de otros animales, las serpientes no pueden reptar hacia atrás y tienen que darse la vuelta para retroceder.

Los sentidos ....

Los ofidios necesitan sentidos muy agudos, tanto para cazar y alimentarse como para evitar ser cazados. No sólo poseen vista, olfato, tacto y gusto sino que cuentan con otros medios poco comunes para detectar lo que les rodea.

La vista

Las serpientes suelen tener una vista muy pobre. Por ejemplo, las especies subterráneas son de ojos pequeños y sólo distinguen la luz y la oscuridad. Hay especies que ven algo mejor, pero lo que destaca en las serpientes es su capacidad para detectar el movimiento: una gran ayuda a la hora de cazar los animales de los que se alimentan.

Olfato doble

Las serpientes perciben los olores por los orificios nasales, como otros animales. Además, pueden oler con unos detectores especiales, llamados órganos de Jacobson, situados en el paladar.

Órgano de Jacobson

Lengua bífida ★

Las serpientes son capaces de percibir partículas invisibles de olor con la lengua, que es bífida. Al pasarla por el órgano de Jacobson, identifican los olores y de este modo pueden saber qué animales se encuentran cerca sin necesidad de verlos.

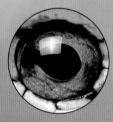

El círculo negro en el centro del ojo de esta boomslang es la pupila. Las serpientes con pupilas grandes y circulares suelen tener buena vista.

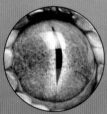

Las serpientes cuyas pupilas parecen una raya vertical, como la víbora de vientre blanco, suelen ver mejor por la noche. Las pupilas se dilatan en la oscuridad.

Como todas las serpientes, esta culebra común usa la lengua para detectar los olores.

Así es el ojo de una culebra verdiamarilla. No se sabe si el contorno en forma de cerradura que tiene la pupila le permite ver mejor.

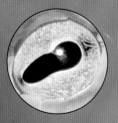

Detección de vibraciones

Las serpientes no oyen como los seres humanos porque no tienen oídos externos, pero detectan las vibraciones que producen otros animales al moverse. La serpiente coloca la mandíbula inferior en contacto con el suelo y, a través de los huesos de la misma, le llegan las vibraciones al oído interno.

Misterios sin resolver

Algunas serpientes tienen pequeños huecos y bultitos en las escamas. No se sabe con certeza para qué les sirven, pero es posible que sean sensibles a la luz e indiquen a la serpiente las partes del cuerpo que se hallan expuestas a la luz y las que se hallan protegidas por la oscuridad.

Fosetas termorreceptoras

Los crotalinos y algunas especies de pitones y boas poseen una capacidad sin igual entre los seres vivos para detectar el calor, gracias a unas pequeñas fosetas sensitivas que tienen cerca de la boca. Todos los animales despiden calor y cuando alguno se acerca a la serpiente, ésta puede detectar el cambio de temperatura con las fosetas.

En la cara de este pitón verde arborícola se ven las fosetas con las que detecta el calor que despiden otros animales.

Si el conejo no se mueve y está oculto por la maleza, a la serpiente le será muy difícil verlo.

La serpiente puede localizar al conejo porque detecta el calor que despide su cuerpo.

Dato: Las fosetas termorreceptoras que tienen las serpientes son tan sensibles que pueden detectar cambios de 0,002°C e incluso menos.

La dentadura y las mandíbulas....

Todas las serpientes son depredadoras, es decir, matan animales para alimentarse. Se tragan enteras las presas que cazan, incluso cuando son más voluminosas que ellas mismas porque disponen de unas mandíbulas especialmente adaptadas.

Dientes afilados

Algunas serpientes tienen pocos dientes y otras muchos. No sirven para masticar ni desgarrar la carne de la presa, sino para agarrarla bien. En la mayoría de las especies, los dientes son muy afilados y apuntan hacia atrás.

Esta culebra parda de las casas tira de la presa con los dientes para hacerla entrar en la boca.

Fíjate cómo los dientes de esta víbora apuntan hacia el interior de la boca.

Temibles colmillos

Algunas serpientes tienen dos colmillos largos y afilados con los que inyectan veneno en las presas que capturan y a veces también en cualquier otro animal que las ataque o las moleste. El veneno suele causar la muerte de la víctima.

Huesos desencajados

Las serpientes que se tragan animales grandes tienen la piel muy elástica y huesos en el cráneo que se pueden separar, lo que les permite desencajar las mandíbulas y abrir desmesuradamente la boca.

Link de Internet

En esta página podrás ver la estructura ósea de la cabeza de una serpiente y lo largos y afilados que pueden ser sus colmillos.

Para acceder a la página reseñada y a otros muchos sitios web visita: **www.usborne-quicklinks.com/es**

Colmillos plegables

A las serpientes no se les ven los colmillos cuando cierran la boca, igual que ocurre con los dientes de las personas. Existen especies con colmillos muy largos, como por ejemplo las víboras, que son capaces de doblarlos hacia adentro cuando no los necesitan.

Esta víbora sopladora puede echar los colmillos hacia atrás porque en la base tienen unas articulaciones que funcionan como si fueran bisagras.

Fíjate hasta dónde se adentran los colmillos en la boca de esta víbora de colmillos posteriores.

Colmillos posteriores

Los colmillos suelen estar en la parte delantera de la boca pero existen especies cuyos colmillos están situados bastante más dentro. Para inyectar el veneno, tienen que abrir mucho la boca. Si la presa trata de desasirse, la serpiente muerde varias veces hasta matarla y parece que la está masticando.

Dato: Después de tragarse la comida, da la impresión de que las serpientes bostecen. Se trata de movimientos para volver a colocar en su sitio los huesos de la cabeza.

Estrategias de caza ....

Muchos depredadores persiguen a sus presas para cazarlas, lo que supone un gran gasto energético. Para ahorrar energía, las serpientes esperan a sus víctimas al acecho. Hay especies que se alimentan de animales muertos como, por ejemplo, los que atropellan los coches.

Al acecho

Las serpientes están al acecho en los lugares que suelen visitar las presas y localizan estos sitios por el olor que dejan los animales. A veces la serpiente debe esperar varios días hasta que el animal se acerca lo suficiente como para poder atraparlo.

El momento de matar

Cuando por fin un animal se encuentra al alcance de la serpiente, es el momento de matarlo, abalanzándose sobre él por sorpresa y agarrándolo con la boca.

La serpiente detecta la presa. Lentamente, dobla el cuello en forma de "ese".

De repente lanza la cabeza hacia adelante y captura la presa con la boca.

Esta víbora pestañosa primero espera muy quieta a que su presa, un diminuto colibrí, se acerque. Cuando está a su alcance, la víbora ataca. Esta vez no ha actuado con la suficiente rapidez y el colibrí ha conseguido escapar.

En persecución de la presa

Algunas especies rápidas y de pequeño tamaño sí persiguen a sus presas. La serpiente verdegallo da caza a las ranas arborícolas en el suelo del bosque guiándose por la vista más que por el olor.

Para la persecución de la presa no siempre hace falta rapidez. Hay especies que se alimentan de caracoles y se limitan a seguir el rastro viscoso que van dejando.

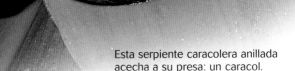

Esta serpiente caracolera anillada acecha a su presa: un caracol.

Serpientes tentadoras

Algunas serpientes tientan a sus presas para que se les acerquen. Los ejemplares jóvenes de víbora cobriza tienen dibujos marrones por el cuerpo. Su truco para atraer a la presa consiste en mover la punta de la cola, que es amarilla. Las ranas y las lagartijas creen que se trata de una oruga y se acercan a comerla pero son ellas las que acaban siendo comidas.

Como el caracol es tan lento, resulta un blanco fácil para la serpiente caracolera anillada.

La rana no se da cuenta de que está cerca de una víbora. La víbora no se mueve mientras espera a que se le acerque.

Link de Internet

Visita esta página y descubre cómo algunas serpientes logran alimentarse de huevos que sobrepasan el tamaño de sus propias cabezas.

Para acceder a la página reseñada y a otros muchos sitios web visita: **www.usborne-quicklinks.com/es**

Dato: Los ofidios cazan todo tipo de animales para alimentarse: roedores, pájaros, cocodrilos e incluso otras serpientes.

Serpientes de mordedura mortal ....

Aproximadamente la sexta parte de las serpientes muerden e inyectan veneno para matar a sus presas. Si se sienten amenazadas por otros animales es posible que les muerdan para defenderse. Por eso las personas a veces reciben mordeduras.

Esta boomslang venenosa puede matar a seres humanos.

Éste es un ejemplar de hocico de puerco. Se alimentan de ranas y ratones pero pueden resultar peligrosas para las personas si se sienten amenazadas.

Veneno mortífero

El veneno de la serpiente suele tener, como mínimo, uno de dos posibles tipos de ponzoña. Uno de ellos causa parálisis e impide el movimiento, provocando la muerte porque el corazón deja de latir; el otro tipo destruye la carne del animal actuando en el interior de su cuerpo.

Aunque este ratón logre escaparse después de recibir la mordedura de la serpiente, no escapará de la muerte porque la mordedura es venenosa.

Veneno potente

La potencia del veneno varía según la especie. Las serpientes que se alimentan de animales que se mueven con rapidez suelen tener un veneno muy potente que mata con rapidez. Si el veneno fuera menos eficaz, el animal podría escapar y alejarse mucho de la serpiente antes de morirse.

Ataque fulminante

Para la serpiente es muy importante morder a la víctima con rapidez y así evitar que se defienda o se escape. A veces el animal no se da cuenta de que la serpiente está cerca hasta el momento de recibir la mordedura. Las serpientes siempre se aseguran bien de que la presa está muerta antes de tragársela; suelen esperar a que el veneno haga su efecto y para comprobarlo le pasan la lengua por todo el cuerpo.

Esta serpiente coral
(la de anillos de colores)
ha comprobado que la otra,
una culebra tantilla coronada,
está muerta y empieza a tragársela.

Ahora a tragar

La serpiente tira de la presa con las dos mandíbulas a la vez y se la lleva hacia la garganta. Usa los dientes y los colmillos para enganchar bien el cuerpo del animal y, cuando ya está en la garganta, entran en acción unos fuertes músculos que lo empujan hacia el estómago.

y a hacer la digestión

El veneno empieza a descomponer el animal en cuanto recibe la mordedura y, una vez en el estómago de la serpiente, los jugos digestivos continúan el proceso. La digestión de una presa grande puede prolongarse varios días.

La serpiente atrapa la rana por la cabeza con sus mandíbulas y empieza a engullirla.

La rana ha pasado al estómago de la serpiente. Se puede ver la forma de su cuerpo.

La serpiente casi ha terminado de digerir la rana. Fíjate cómo ha disminuido el bulto.

Dato: El veneno de las serpientes tiene mucho más efecto en los animales que son su alimento habitual. Otros animales se ven afectados en menor medida.

Serpientes constrictoras

No todas las serpientes matan con mordedura venenosa. Hay especies que estrujan a sus presas hasta que dejan de respirar; son las serpientes constrictoras.

Esta anaconda está asfixiando a un caimán, también llamado aligator, un reptil parecido al cocodrilo.

Un abrazo mortal

La constrictora se enrosca en el cuerpo de su presa y lo oprime con fuerza. El animal muere porque con los pulmones aplastados no puede tomar aire; esta muerte por falta de respiración se llama muerte por asfixia. A veces la presión del cuerpo de la serpiente hace que se pare el corazón del animal antes de que se asfixie.

Sin atragantarse

Las presas de gran tamaño, como por ejemplo un cocodrilo, pueden tardar varios minutos en morir asfixiadas. La serpiente se traga el animal muerto entero, normalmente empezando por la cabeza. Si comenzara por la cola, las patas no permanecerían recogidas al pasar por la garganta de la serpiente y resultaría mucho más difícil seguir tragando el resto.

Después de asfixiar a su presa, la serpiente permanece fuertemente enroscada a ella.

A continuación la guía hacia su boca a través de los anillos. Primero se traga la cabeza.

La serpiente sólo se desenrosca cuando ya se ha tragado la mayor parte de la presa.

 Dato: Cuando las constrictoras se tragan una presa muy grande, ensanchan las costillas para que les quepa dentro del cuerpo.

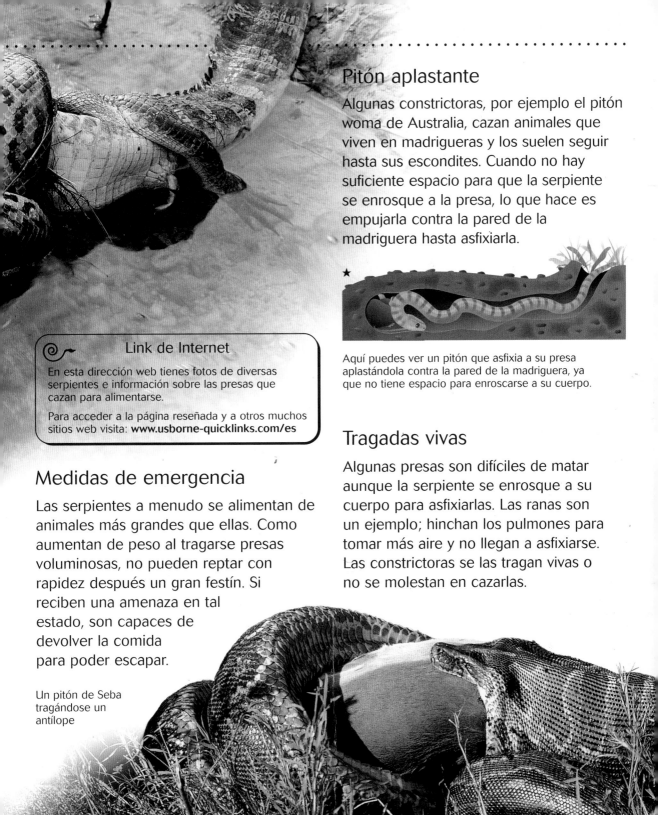

Pitón aplastante

Algunas constrictoras, por ejemplo el pitón woma de Australia, cazan animales que viven en madrigueras y los suelen seguir hasta sus escondites. Cuando no hay suficiente espacio para que la serpiente se enrosque a la presa, lo que hace es empujarla contra la pared de la madriguera hasta asfixiarla.

★

Aquí puedes ver un pitón que asfixia a su presa aplastándola contra la pared de la madriguera, ya que no tiene espacio para enroscarse a su cuerpo.

Link de Internet

En esta dirección web tienes fotos de diversas serpientes e información sobre las presas que cazan para alimentarse.

Para acceder a la página reseñada y a otros muchos sitios web visita: **www.usborne-quicklinks.com/es**

Medidas de emergencia

Las serpientes a menudo se alimentan de animales más grandes que ellas. Como aumentan de peso al tragarse presas voluminosas, no pueden reptar con rapidez después un gran festín. Si reciben una amenaza en tal estado, son capaces de devolver la comida para poder escapar.

Un pitón de Seba tragándose un antílope

Tragadas vivas

Algunas presas son difíciles de matar aunque la serpiente se enrosque a su cuerpo para asfixiarlas. Las ranas son un ejemplo; hinchan los pulmones para tomar más aire y no llegan a asfixiarse. Las constrictoras se las tragan vivas o no se molestan en cazarlas.

Camuflaje y advertencias ....

Algunas serpientes son difíciles de ver porque tienen dibujos o tonos de piel que se confunden con los del entorno y les sirven de camuflaje. Otras son fáciles de reconocer porque tienen dibujos y colores vistosos que llaman la atención. En ambos casos el aspecto externo ayuda a la serpiente a defenderse de los depredadores.

Mira por dónde andas

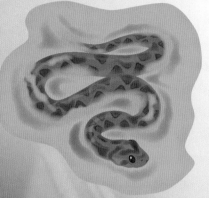

Esta víbora diamante está parcialmente enterrada en la arena y es bastante difícil verla.

En África y Asia las víboras diamante matan a mucha gente. Estas especies son muy difíciles de ver porque se camuflan en los pedregales donde habitan. Es fácil pisarlas sin querer y por eso muchas personas reciben mordeduras. Estas víboras también son capaces de enterrarse en el suelo moviendo el cuerpo. Así su camuflaje es aún mejor.

Por las ramas

Muchas de las especies que viven en los árboles, como la víbora colgadora rayada y el crótalo de labios blancos, tienen la piel verde y se confunden con las hojas.

La bejuca, o culebra de la vid, también es arborícola pero se diferencia mucho de otras especies porque es muy delgada y de color pardo, como las ramas de la vid. Si está inmóvil, es muy difícil verla.

Esta bejuca es invisible cuando se encuentra en un árbol frondoso.

Dato: Las serpientes que son totalmente blancas al nacer se llaman albinas. No pueden camuflarse y se convierten en presas fáciles para sus depredadores.

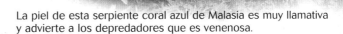

Señal de alarma

Algunas especies venenosas tienen una piel muy llamativa que sirve para advertir a los depredadores que es mejor que las dejen tranquilas. Por ejemplo, las serpientes coral son muy venenosas y tienen dibujos muy vivos.

La piel de esta serpiente coral azul de Malasia es muy llamativa y advierte a los depredadores que es venenosa.

Serpientes disfrazadas

Algunas especies inofensivas también tienen dibujos llamativos para que los depredadores las confundan con otras venenosas y las dejen tranquilas. Los dibujos de la culebra falso coral de Puebla, que habita en México y es inofensiva, se parecen a los de las serpientes coral, que son muy venenosas.

Serpiente coral

No es fácil distinguir la serpiente inofensiva de la venenosa.

Falso coral

Tres en una

La culebra de collar colirroja cambia de aspecto con rapidez si se siente amenazada.

Normalmente esta culebra es de color marrón oscuro o negro,

pero cuando advierte un peligro, exhibe la cola que es de color rojo.

★

Si el peligro persiste, se da la vuelta y enseña la parte inferior del cuerpo que es la más llamativa.

La supervivencia

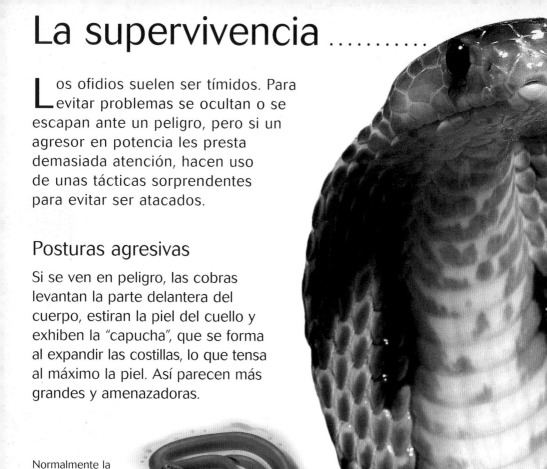

Los ofidios suelen ser tímidos. Para evitar problemas se ocultan o se escapan ante un peligro, pero si un agresor en potencia les presta demasiada atención, hacen uso de unas tácticas sorprendentes para evitar ser atacados.

Posturas agresivas

Si se ven en peligro, las cobras levantan la parte delantera del cuerpo, estiran la piel del cuello y exhiben la "capucha", que se forma al expandir las costillas, lo que tensa al máximo la piel. Así parecen más grandes y amenazadoras.

Normalmente la cobra permanece a ras del suelo sin mostrar la capucha.

Si advierte un peligro, levanta la parte frontal del cuerpo y empieza a desplegar la capucha.

Si está muy asustada, se yergue aún más y despliega la capucha en actitud de reto.

★ Esta cobra de la India se ha erguido con la capucha desplegada para parecer intimidante.

Buena puntería

Algunas cobras lanzan chorros de veneno por unos agujeritos que tienen en los colmillos cuando les amenaza un depredador. Son capaces de lanzarlo incluso a 3 metros de distancia.

Primero se yerguen y luego apuntan a los ojos del depredador. El veneno causa gran dolor y daña la vista si entra en los ojos.

Esta cobra escupidora de Mozambique se defiende de un posible depredador.

Un cascabeleo de advertencia

Las serpientes cascabel se llaman así debido a los "cascabeles" que tienen en la cola. Son anillos de antiguas escamas que no se caen con las mudas de piel.

Cuando la serpiente mueve la cola, los anillos vibran y cascabelean. Este sonido sirve de señal de advertencia a los otros animales para que no se le acerquen.

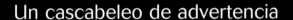

El cascabel es frágil y a menudo se desprende en secciones como ésta, pero se vuelve a formar cada vez que la serpiente muda de piel.

El truco de hacerse el muerto

Esta culebra común puede que parezca estar muerta pero está viva. Intenta engañar a un depredador.

Cuando merodea un depredador, la culebra común se tiende sobre el dorso y se queda inmóvil y con la lengua fuera, haciéndose la muerta. Las serpientes se sirven de este truco para que los depredadores las ignoren y se alejen.

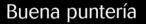

Dato: Algunos ofidios despiden un olor pestilente cuando se sienten amenazados. La serpiente fétida de la China se ha ganado este nombre por tal motivo.

25

La reproducción ....

Los ofidios son solitarios pero de vez en cuando buscan pareja para reproducirse y tener crías. Todas las serpientes se reproducen apareándose con otras, excepto la culebrilla ciega brahmana que se reproduce por sí sola.

Dos ejemplares de coronella austriaca en posición de apareamiento.

En busca de pareja

Lo primero que tiene que hacer una serpiente para poder reproducirse es buscar otra del sexo opuesto. La serpiente macho suele ser la que busca a la hembra. Cuando la hembra está lista para aparearse produce un olor especial; el macho se guía por este olor para poder localizarla.

El apareamiento

Para producir crías, una de las células sexuales de la hembra (el óvulo) tiene que unirse a una de las células sexuales del macho (esperma). Las serpientes se entrelazan y el macho deposita el esperma en la hembra para que se unan las células que darán origen a las crías. Cabe la posibilidad de que las dos serpientes se mantengan entrelazadas varias horas.

Dato: Las hembras de ciertas especies pueden guardar esperma en su cuerpo varios años y continúan teniendo crías sin necesidad de aparearse más veces.

Lucha por la dama

Los machos de algunas especies, (mambas, víboras y serpientes cascabel) suelen luchar entre sí por una hembra. Se yerguen y forcejean entrelazados, tratando de hacerse caer mutuamente. El macho que sale vencedor se aparea con la hembra si ésta se lo permite.

Aunque no lo parezca, estas dos mambas macho están compitiendo por una hembra.

Competición de danza

Algunas especies no tienen que salir en busca de compañera. Grandes grupos de culebras jarretera roja comparten una madriguera para hibernar durante la estación fría y al llegar la época de la reproducción, hasta un centenar de machos tratan de aparearse con unas pocas hembras. Realizan una especie de "danza" a su alrededor pero sólo uno de ellos llega a aparearse con cada hembra.

Una serpiente singular

Todos los ejemplares de culebrilla ciega brahmana son hembras y cuando son adultas pueden poner huevos sin haber tenido que aparearse con una serpiente macho. Todas las crías son hembras y además, copias exactas de la madre.

Esta culebrilla ciega brahmana puede tener crías sin aparearse.

Las crías

Existen serpientes vivíparas (que paren a sus crías) pero la mayoría ponen huevos (son ovíparas). Las crías se desarrollan en el huevo y salen al romper el cascarón.

A salvo

Los huevos tienen que incubar, es decir, tener la temperatura adecuada para que las crías se desarrollen dentro. Algunas hembras los entierran bajo plantas y hojas muertas o los ponen entre las piedras. Son lugares donde no hace ni demasiado frío ni demasiado calor.

Esta madre pitón incuba y protege sus huevos enroscando el cuerpo a su alrededor.

Una buena madre

Aunque algunas hembras permanecen cerca de sus huevos para ahuyentar a los predadores, la gran mayoría los abandonan después de la puesta. El comportamiento del pitón hembra es distinto; se enrosca alrededor de los huevos para protegerlos e incubarlos.

Recién nacidos

Unos dos meses después de la puesta, las crías están listas para salir del cascarón. La cáscara de los huevos de serpiente no es fácil de romper porque no es dura como la de los huevos de las aves, sino acartonada. Las crías tienen que rasgar el cascarón para poder salir y lo hacen con un diente que tienen al nacer para tal fin.

Las crías hacen hendiduras en el cascarón del huevo.

La cría empieza a salir al exterior por una hendidura.

★

La serpiente recién nacida puede reptar por el suelo inmediatamente.

Con las crías dentro

No todas las serpientes ponen sus huevos; las ovovivíparas los retienen en el interior de su cuerpo, bien protegidos y a la temperatura ideal. Cuando las crías rompen el cascarón todavía están dentro del cuerpo de la madre hasta que ésta las expulsa al exterior.

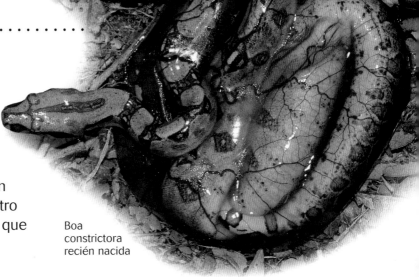

Boa constrictora recién nacida

Instinto animal

Nada más salir del huevo o nada más nacer de sus madres, las crías saben prácticamente lo mismo que los adultos. Saben cómo protegerse y cómo encontrar alimento sin que se lo enseñen sus padres.

Las crías de serpiente, como esta cría de mamba verde, se vuelven a meter en el huevo si al hacer la primera hendidura en la cáscara perciben algún peligro exterior.

Dato: Como las crías que se desarrollan dentro de la madre ocupan mucho espacio, ésta sólo se alimenta de presas pequeñas hasta que nacen.

Las serpientes gigantescas..............

Las serpientes son de tamaños muy variados; pueden medir lo que un lápiz, tener el largo de un automóvil o ser todavía más grandes. Las serpientes de las familias pitón y boa son las de mayor talla.

¿Cuánto miden?

Averiguar la longitud de una serpiente no es tan fácil como parece porque suelen enroscarse al ser levantadas del suelo y así resulta difícil medirlas. Incluso cuando están muertas es imposible hacerlo con precisión, porque el cuerpo de una serpiente muerta se estira al manejarlo.

La anaconda verde que exhiben estos cazadores mide 5,5 metros.

Una anaconda verde como ésta puede llegar a pesar 180 kilos, el peso aproximado de tres mujeres adultas.

Toda la vida creciendo

El crecimiento de las serpientes no cesa cuando alcanzan la madurez como ocurre en las personas, sino que continúa durante toda su vida, aunque más lentamente según envejecen.

Las más pesadas

La anaconda verde, un miembro de la familia de las boas, es la serpiente más pesada. Debido al peso, las anacondas reptan lentamente en tierra firme; sin embargo, el agua de una ciénaga o de un río les sirve de sostén y son mucho más veloces cuando nadan. Por eso están casi siempre en el agua.

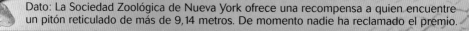
Dato: La Sociedad Zoológica de Nueva York ofrece una recompensa a quien encuentre un pitón reticulado de más de 9,14 metros. De momento nadie ha reclamado el premio.

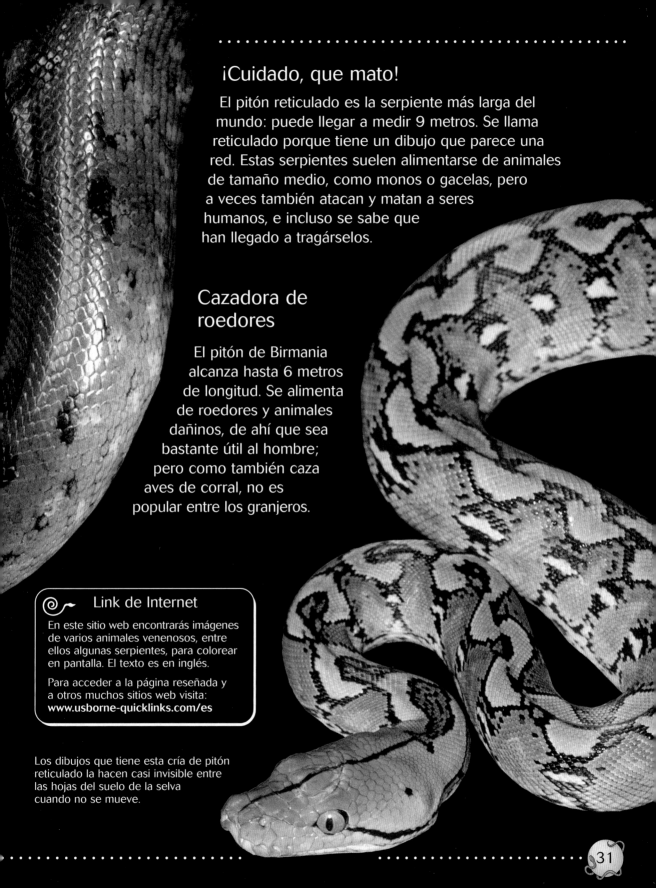

¡Cuidado, que mato!

El pitón reticulado es la serpiente más larga del mundo: puede llegar a medir 9 metros. Se llama reticulado porque tiene un dibujo que parece una red. Estas serpientes suelen alimentarse de animales de tamaño medio, como monos o gacelas, pero a veces también atacan y matan a seres humanos, e incluso se sabe que han llegado a tragárselos.

Cazadora de roedores

El pitón de Birmania alcanza hasta 6 metros de longitud. Se alimenta de roedores y animales dañinos, de ahí que sea bastante útil al hombre; pero como también caza aves de corral, no es popular entre los granjeros.

Link de Internet

En este sitio web encontrarás imágenes de varios animales venenosos, entre ellos algunas serpientes, para colorear en pantalla. El texto es en inglés.

Para acceder a la página reseñada y a otros muchos sitios web visita:
www.usborne-quicklinks.com/es

Los dibujos que tiene esta cría de pitón reticulado la hacen casi invisible entre las hojas del suelo de la selva cuando no se mueve.

La boa y el pitón ....

La boa y el pitón tienen mucho en común. Ambas pertenecen a la familia de los boidos, que incluye las serpientes de mayor antigüedad. Se conocen 27 especies de pitón y 35 especies de boa; todas ellas son constrictoras.

Esta boa constrictora tiene un cuerpo muy musculoso que le ayuda a agarrarse a las ramas de los árboles.

La boa constrictora

La boa constrictora (boa común) es probablemente una de las serpientes más conocidas. Llega a medir 3 metros y es posible que por este motivo haya quien la considere peligrosa para los seres humanos. En realidad, raramente ataca a las personas y nunca intentaría tragarse una presa de tal tamaño. De hecho, se alimenta de pájaros y pequeños animales.

El dibujo de la piel de esta serpiente pitón diamante le ayuda a camuflarse.

El pitón diamante

La serpiente pitón diamante procede de Australia y habita tanto en los desiertos como en las selvas tropicales. Ha sido bautizada con este nombre por los dibujos llamativos que tiene en la piel, parecidos a los estampados de las alfombras orientales.

Por los árboles

El pitón arborícola verde vive
en selvas tropicales. El ejemplar
adulto tiene un bello color verde
salpicado de amarillo y blanco
por el dorso. Estos dibujos se
parecen a los que hacen los
rayos de luz al atravesar las
hojas de los árboles.

Este pitón arborícola verde duerme en algún árbol
durante el día y caza de noche.

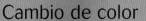

Link de Internet

Visita virtual a un bosque seco tropical de Costa Rica
donde encontrarás imágenes y descripciones de
ofidios como la boa constrictora, la cascabel o la coral.

Para acceder a la página reseñada y a otros muchos
sitios web visita: **www.usborne-quicklinks.com/es**

Cambio de color

Aunque parezca
increíble, el pitón
arborícola verde es de
color amarillo cuando
sale del huevo y a veces
incluso rojo, pero se vuelve verde
al año de vida. Los expertos no han
encontrado explicación a este hecho.

Las escamas de
esta cría de boa
arco iris parecen
relucir cuando
se mueve.

La boa arco iris

La boa arco iris tiene
unas escamas extraordinarias
que parecen relucir. Habitan en
las selvas tropicales y cazan de
noche murciélagos, roedores
y pequeños animales que
les sirven de alimento.

33

Los colúbridos

Los colúbridos son una familia de serpientes que incluye un gran número de especies. Cerca de la mitad de las serpientes y culebras pertenecen a esta familia. La mayoría de los colúbridos son inofensivos, si bien algunos de ellos son venenosos y pueden matar a seres humanos.

La venenosa boomslang

Las serpientes con colmillos posteriores son colúbridos y no representan ningún peligro para las personas. La excepción es la boomslang venenosa que tiene los colmillos más al borde de la boca y puede morder a los seres humanos.

Aunque las boomslangs pueden ser peligrosas, no suelen ser agresivas. Es fácil saber si están enfadadas o asustadas, porque hinchan la garganta.

Las boomslangs se desplazan con elegancia por los árboles, tienen unos ojos grandes muy distintivos y el hocico puntiagudo.

Vuelo sin motor

Existen cinco especies de serpientes voladoras, todas ellas colúbridos. En realidad, no vuelan; planean de árbol en árbol por las selvas tropicales donde habitan.

Se lanzan al aire con el cuerpo en forma de "ese". Para planear con más facilidad, extienden las costillas y de este modo el cuerpo se vuelve más plano y más ancho.

Link de Internet

En esta página web encontrarás clips de vídeo de serpientes "volando" por los aires. El texto es en inglés.

Para acceder a la página reseñada y a otros muchos sitios web visita: **www.usborne-quicklinks.com/es**

En este dibujo se ve cómo una serpiente forma una "ese" con el cuerpo al lanzarse al aire.

Comida favorita

No es de extrañar que a las serpientes devoradoras de huevos les guste este alimento. Aunque tienen el cuerpo delgado, son capaces de tragarse huevos tres veces más grandes que su propia cabeza.

Cuando encuentra un huevo, la serpiente lo sujeta con el cuerpo y comienza a abrir la boca, que es muy elástica, desmesuradamente.

Se las arregla para abarcar todo el huevo con la boca y se sirve de unas espinas puntiagudas que tiene en la garganta para romper la cáscara.

★

Una vez vaciado el contenido del huevo, la serpiente escupe el cascarón todo aplastado.

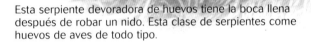

Esta serpiente devoradora de huevos tiene la boca llena después de robar un nido. Esta clase de serpientes come huevos de aves de todo tipo.

Canibalismo

A pesar de que las serpientes cascabel son venenosas, sirven de presa fácil para ciertas especies de serpiente real porque a éstas no les afecta el veneno. La serpiente real puede dominar a la cascabel y tragársela cuando todavía está viva.

Esta serpiente real de California se está tragando una serpiente cascabel a la que ha vencido.

Las cobras ....

Las cobras son inconfundibles y cuando despliegan la capucha del cuello en señal de alarma presentan un aspecto que impresiona e intimida. Existen muchas especies de cobra, entre las que se cuenta la serpiente venenosa más larga del mundo: la cobra real.

La reina de las serpientes

La cobra real tiene la cabeza tan grande como la mano humana y su cuerpo puede alcanzar los 6 metros de longitud. Una cobra real asustada que haya erguido el cuerpo puede mirar directamente a los ojos de un ser humano.

Link de Internet

Abre la página web del Museo de Historia Natural de México y podrás aprender más cosas sobre la cobra escupidora asiática, la cobra de Cleopatra o la cobra india.

Para acceder a la página reseñada y a otros muchos sitios web visita:
www.usborne-quicklinks.com/es

El nido real

La cobra real es la única serpiente que construye un nido para proteger los huevos. Tras la puesta, la hembra hace guardia hasta que nacen las crías, de 60 a 80 días más tarde. La cobra real no es una serpiente agresiva pero puede atacar si el nido corre peligro.

La cobra real es bastante delgada y su capucha menos ancha que la de otras serpientes.

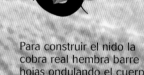

Para construir el nido la cobra real hembra barre hojas ondulando el cuerpo y va formando un montón.

Una vez formado el nido, la cobra real pone los huevos y enrosca su cuerpo alrededor.

Los esfuerzos del tejedor

El pájaro tejedor construye su nido a gran altura para que quede a salvo de serpientes y otros predadores. Esto no es obstáculo para la cobra de El Cabo (Sudáfrica), que es capaz de alcanzar las copas de los árboles y penetrar en los nidos para comerse los huevos y los polluelos.

Los tejedores construyen una entrada muy alargada en sus nidos para que no entren las serpientes.

Ojos en la espalda

Cuando las cobras se sienten en peligro, levantan el cuerpo y sacan la capucha. Muchas de ellas tienen unas marcas, los ocelos, en la parte de atrás. Como parecen unos ojos, es posible que sirvan para confundir a los depredadores. La cobra se da la vuelta para escapar, pero parece que todavía está haciendo frente a su agresor.

A la cobra de la India se la suele llamar cobra de anteojos por las marcas que tiene, parecidas a unos anteojos.

Dato: Una mordedura de la cobra real inyecta una cantidad de veneno suficiente para matar a un elefante.

Las serpientes marinas

Las serpientes son buenas nadadoras e irán al agua para huir de un peligro o para refrescarse del calor. Algunas especies pasan toda su vida en el agua. Unas viven en ríos, otras en lagos, pero la mayoría habita las aguas del mar.

La muda

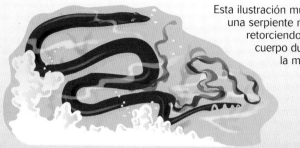

Esta ilustración muestra una serpiente marina retorciendo el cuerpo durante la muda.

★

Las serpientes de mar mudan la piel con más frecuencia que las especies terrestres. Algunas serpientes marinas desechan la piel antigua a base de frotar unas partes del cuerpo contra otras y, como tienen que retorcerse para hacerlo, la piel también sale en anillos retorcidos.

Toma de aire

Muchas especies marinas tienen que permanecer en el agua porque no podrían moverse en tierra y morirían si el mar las arrojara hacia la playa. Las serpientes de mar no respiran en el agua como los peces; necesitan subir a la superficie de vez en cuando para tomar aire.

La mayoría puede estar bajo el agua una hora como mínimo, después de haber tomado el aire suficiente. La serpiente vientre amarillo es capaz de resistir tres horas.

Agua sin sal

Todos los animales necesitan beber agua para sobrevivir, pero las serpientes marinas sólo disponen del agua del mar, que es muy salada.

Para deshacerse de la sal poseen unas glándulas especiales debajo de la lengua que separan el exceso de sal. Cuando la serpiente saca la lengua para detectar olores, expulsa agua salada simultáneamente.

Link de Internet

Un sitio web que está dedicado a todos los animales. Podrás encontrar una descripción de las serpientes de mar acompañada de una fotografía. Haz clic en **tierra** para ver más serpientes.

Para acceder a la página reseñada y a otros muchos sitios web visita: **www.usborne-quicklinks.com/es**

Estas serpientes marinas nadan en grupo buscando alimento.

Serpientes migratorias

Algunas especies marinas hacen viajes largos (migraciones) en grupos numerosos. Esto explica las leyendas de los monstruos marinos que existen en algunos países, ya que es posible que la gente viera cientos de serpientes migratorias nadando en grupo y pensara que se trataba de un único monstruo gigantesco.

Las más venenosas

Las serpientes marinas se cuentan entre las especies más venenosas del mundo. El veneno que se considera más mortífero es el de la serpiente de Belcher, cien veces más activo que el de la serpiente terrestre más venenosa.

En la antigüedad existía la creencia de que en el mar habitaban monstruos como el de la ilustración.

En la tierra y en el mar

Las serpientes marinas de cola ancha son parientes lejanas de las serpientes que viven en el mar. A pesar de vivir en él, van a tierra firme para aparearse, poner los huevos y tomar el sol. El calor les ayuda a digerir lo que tienen en el estómago.

Esta serpiente marina de cola ancha no está tan bien adaptada a la vida en el mar como el resto de sus parientes y sí es capaz de moverse en tierra firme.

Dato: Las verdaderas serpientes marinas son vivíparas y paren a sus crías en el mar.

39

Las mambas

Las mambas y las cobras pertenecen a la misma familia. Solamente existen cuatro especies de mamba y todas ellas viven en África. Son tan temidas como respetadas por los humanos debido a su mordedura venenosa.

Las mambas verdes son muy bonitas. Tienen la piel de un verde luminoso.

Invasión verde

Aunque haya varias mambas verdes en un árbol, resulta muy difícil verlas.

En ciertas zonas de Kenia y Tanzania, las mambas verdes son muy numerosas. Varios cientos pueden vivir en un área del tamaño de un parque urbano no muy grande y a veces cuatro o cinco viven en el mismo árbol.

Mambas verdes

Hay tres especies de mambas verdes. Como pasan la mayor parte del tiempo en bosques y selvas y tienen la piel verde se camuflan muy bien. A pesar de que son muy venenosas y han matado a seres humanos, no son agresivas y prefieren alejarse del peligro en vez de atacar.

 Dato: La mordedura de la mamba causa la muerte de un ser humano a las pocas horas, e incluso a los pocos minutos, si no se recibe asistencia médica.

Link de Internet

Aquí encontrarás más información sobre las serpientes venenosas y sobre otras serpientes que, si bien se parecen a las venenosas, son inofensivas.

Para acceder a la página reseñada y a otros muchos sitios web visita: **www.usborne-quicklinks.com/es**

Record de velocidad

Las mambas negras son más rápidas que ninguna otra serpiente. Alcanzan y superan los 20 kilómetros por hora cuando atacan. Incluso a estas velocidades llevan la cabeza y el cuello erguidos, preparadas para atacar de repente.

Mambas negras

Las mambas negras no suelen ser de color negro. Son de color marrón claro pero tienen el interior de la boca negro, de ahí su nombre. Son las serpientes venenosas más largas de África y pueden llegar a medir 4 metros. Inspiran mucho temor porque son bastante nerviosas y atacan si se sienten amenazadas.

Aunque las mambas negras pasan la mayor parte del tiempo reptando por el suelo, también pueden subirse a los árboles.

Hogar dulce hogar

A las mambas negras les gusta tener un lugar especial al que acuden a menudo para buscar refugio. Suelen elegir el hueco de un árbol, una grieta entre las rocas o incluso el tejado de paja de una casa.

Los elápidos

Las cobras, las serpientes de mar y las mambas pertenecen a la familia de los elápidos. Hay unas 300 especies y muchas viven en Australia o en sus cercanías. Aunque las diferencias entre las especies son muy marcadas, tienen algo en común: son muy venenosas.

Taipan venenoso

El taipan es un elápido de gran tamaño que vive en Australia y Nueva Guinea. Se les suele llamar "fieras" por tratarse de las serpientes terrestres más venenosas que existen. El veneno que inyectan con una mordedura puede matar a doce hombres adultos.

Un ejemplar de taipan venenoso, una especie terrestre que representa un gran peligro para las personas pero que no es muy común.

Víboras de la muerte

A pesar de su nombre, la víbora de la muerte no pertenece a la misma familia que las otras víboras. En realidad es otro tipo de elápido. Se suele enterrar entre las hojas o en la arena a la espera de su presa, igual que las víboras diamante, y por eso es fácil pisarla sin querer. Su mordedura puede matar a una persona si no recibe atención médica rápidamente.

Las víboras de la muerte son anchas y pesadas, comparadas con otros elápidos. Éste es un ejemplar de la especie.

Dato: Las víboras de la muerte son unos elápidos peculiares porque en vez de poner huevos, paren a sus crías.

Corales americanas

En el continente americano viven
tres familias diferentes de serpientes
coral, que cuentan con llamativos anillos
de color negro, blanco, amarillo y rojo.
Aunque distintos tipos de serpiente coral
se alimentan de diferentes presas, todas
ellas comen otras serpientes, incluidas las
de su propia especie.

Las serpientes coral como
ésta muerden en cuanto algo
les perturba. Si algiuen recibe
una mordedura debe ser
tratada con un antídoto
de inmediato.

Link de Internet

Entra en el mundo de las serpientes venenosas:
cómo reconocerlas, sus diferenres tipos de veneno
y la fabricación de antídotos.

Para acceder a la página reseñada y a otros muchos
sitios web visita: **www.usborne-quicklinks.com/es**

Las serpientes tigre de Australia

La serpiente tigre australiana puede ser
de color pardo, negro o verde oliva con
anillos claros. Aunque existen otras
serpientes con anillos que llevan el mismo
nombre, únicamente la tigre australiana es
un elápido. Las que viven en zonas poco
calurosas suelen ser de color negro, y
como los colores oscuros absorben el
calor, cuando hace frío mantienen su
temperatura con más facilidad que las
especies de colores claros.

Las serpientes tigre negras,
como las dos de la ilustración,
sobreviven mejor en lugares
fríos que otras especies.

Las víboras

Existen más de 200 tipos diferentes de
víboras (algunas se conocen con el nombre
"áspid") distribuidas por el mundo. Muchas
están muy bien camufladas y algunas son
muy venenosas.

Una víbora internacional

Los hábitats de la víbora común (áspid)
son extensos y variados. Se encuentra en
Europa occidental y en Rusia, y es
la única serpiente que vive en el
círculo polar ártico. También es
la única serpiente venenosa
de Gran Bretaña.

Los áspides, como este
ejemplar, toleran el frío.
Por eso pueden vivir en
lugares donde otros
ofidios no sobreviven.

El descanso invernal

Los áspides hibernan (duermen)
durante el invierno para evitar el
frío. A veces varios se agrupan
para hibernar juntos bajo tierra
en madrigueras o cubiles.

Esta iiustración muestra un grupo
de áspides hibernando en una
madriguera subterránea.

Una serpiente inflada

Las víboras sopladoras se han ganado
el nombre porque tienen la costumbre
de inflarse cuando se alarman. Lo que
hacen es tomar aire muy deprisa para
hincharse y dar la impresión de que
son más grandes y amenazadoras. Al
dejar escapar el aire, emiten un fuerte
silbido que sirve de advertencia para
sus depredadores.

El cuerpo de la víbora
sopladora es grueso y
macizo. La cabeza es
plana y ancha.

Cuando se alarma, la
víbora sopladora aspira
aire para que el cuerpo
parezca aún más grueso.

Link de Internet

Visita esta página web para ver un vídeo clip de una
víbora sopladora en movimiento y de otras serpientes
que mencionamos en el libro. El texto es en inglés.

Para acceder a la página reseñada y a otros muchos
sitios web visita: **www.usborne-quicklinks.com/es**

Maestra del camuflaje

La víbora del Gabón se distingue por su
piel de color pardo, crema, blanco y negro,
que le sirve para camuflarse en el suelo de
las selvas tropicales que habita. Se esconde
tan bien que incluso las presas que suelen
estar alerta, como los monos, se ponen
a su alcance y son víctimas
de su mordedura.

Esta víbora del Gabón
está parcialmente
oculta bajo un montón
de hojas muertas.

Los crotalinos

Los crotalinos son víboras y pertenecen a la familia de los vipéridos pero tienen algo en común con algunas especies de boa y pitón: unos órganos (fosetas) que son sensibles al calor.

Las fosetas termorreceptoras

Este dibujo muestra la posición de las fosetas en la cabeza de una víbora colgadora.

Boca de algodón

La boca de algodón es un crotalino agresivo y peligroso que habita las zonas pantanosas del sudeste de los Estados Unidos. El nombre que tiene está inspirado en el color del interior de la boca que es blanquecino como el algodón. Se irritan con gran facilidad pero, por suerte, dan señales de aviso antes de atacar.

Las boas y las serpientes pitón tienen varias fosetas sensibles al calor, mientras que las víboras sólo poseen dos, situadas a ambos lados de la cara, entre los ojos y las fosas nasales. Con su ayuda la víbora localiza a las presas cuando caza de noche.

Esta víbora boca de algodón está tratando de intimidar a un posible depredador para que no se le acerque.

Para intimidar a los depredadores la boca de algodón les enseña el interior de la boca.

★

También mueve la cola violentamente. Si a pesar de todo el depredador no se aleja, la víbora ataca.

Esta serpiente fer-de-lance ha capturado un lagarto cola de látigo y le está inyectando veneno.

Lanzas asesinas

La fer-de-lance pertenece a un grupo de serpientes denominadas puntas de lanza. Se llaman así por la forma triangular y puntiaguda de la cabeza, que recuerda a la punta de una lanza o de una flecha.

La fer-de-lance vive en América del Sur. Es muy temida por los trabajadores de los cafetales y de las plantaciones de bananos, donde acude a cazar ratas y ratones, porque a veces muerde a las personas. Su mordedura es mortal.

Link de Internet

Para ver ejemplares de fer-de-lance en primer plano haz una visita a la sección de reptiles de este sitio web. El texto es en inglés.

Para acceder a la página reseñada y a otros muchos sitios web visita:
www.usborne-quicklinks.com/es

Crujidos en la selva

Las cuaimas son unas serpientes de gran tamaño que habitan las selvas tropicales de América Central y América del Sur. Para ahuyentar a sus predadores golpean con la punta de la cola la hojarasca del suelo de la selva. El crujir de hojas advierte de su presencia a los animales.

Una cuaima con el cuerpo enroscado en el suelo de la selva

 Dato: La víbora de los Himalayas es un crotalino que vive a 5 km por encima del nivel del mar, en la cordillera del Himalaya (Asia). Ninguna otra serpiente vive a tan gran altitud.

Las cascabel......

U na de las especies de serpiente más conocida es la cascabel. Forma parte de la familia de los vipéridos y vive exclusivamente en el continente americano. Todas son venenosas y algunas pueden representar un peligro mortal para los seres humanos.

La Santa Catalina sólo tiene un anillo en la punta de la cola, en vez de tener un cascabel completo.

Cascabeleo

Al sentirse en peligro, por ejemplo si un animal grande está a punto de pisarla, la cascabel mueve el extremo de la cola y produce un ruido (ver página 25). Es un aviso para que no la molesten.

Cuando una cascabel se asusta, levanta la cabeza y ondula en forma de "ese" la parte delantera del cuerpo.

Al mismo tiempo, empieza a menear rápidamente la cola para hacer el mayor ruido posible.

Cuando ha pasado el peligro, la serpiente baja la cabeza, deja de mover la cola y se queda tranquila.

Serpiente sin cascabel

Las Santa Catalina son las únicas serpientes cascabel sin cascabel. No lo necesitan, porque viven en la isla de Santa Catalina, donde no hay animales grandes que ahuyentar. Al no tener cascabel, pueden esperar en silencio escondidas entre la maleza a que un lagarto o un pájaro se ponga a su alcance.

Link de Internet

Muchas serpientes viven en el desierto. Visita esta página y descubre, entre otras cosas, qué aspecto tienen, cómo viven y qué comen.

Para acceder a la página reseñada y a otros muchos sitios web visita: www.usborne-quicklinks.com/es

Dato: Las cascabel son muy temidas en Estados Unidos, si bien sólo matan a una docena de personas al año. Los rayos matan a más gente.

Las más peligrosas

La mojave es la serpiente cascabel más venenosa de los Estados Unidos. Si se compara con otra que pudiera disputarle el puesto, resulta el doble de venenosa. El veneno de una sola mordedura podría aniquilar 15.000 ratones.

Hay unas cuantas especies de serpientes cascabel tropicales en América del Sur que son aún más venenosas. A una de ellas, la cascaval, la llaman "quebranta cuellos" porque su mordedura deja paralizados los músculos del cuello.

Las mojave viven en pedregales y en los desiertos.

Cazadores de serpientes

Estos cazadores van a introducir un chorro de gas en la madriguera de una serpiente cascabel.

En algunas zonas de Estados Unidos se organizan batidas de caza para capturar serpientes cascabel. Los cazadores introducen productos químicos en sus madrigueras para hacerlas salir y matarlas. Los productos son muy tóxicos y matan a otros animales que viven en el mismo hábitat, como los zorros y las mofetas.

Las serpientes subterráneas......

Muchas especies pueden abrir túneles y vivir casi toda su vida bajo tierra. Las serpientes ciegas y las serpientes hilo son las dos familias con el mayor número de ejemplares subterráneos.

Buenas excavadoras

Seguro que piensas que sin patas para cavar debe ser muy difícil abrir un túnel. Las especies subterráneas han desarrollado rasgos especiales que les ayudan a adentrarse en la tierra: un cuerpo perfectamente cilíndrico y escamas planas.

Cráneos duros

Muchas serpientes subterráneas tienen el cráneo más fuerte y pesado que las demás. Lo necesitan para abrirse camino por la tierra.

Las serpientes ciegas se abren camino con la cabeza sin hacerse daño porque tienen un cráneo muy duro.

¿Dónde está la cabeza?

En algunas especies subterráneas, por ejemplo las ciegas, la cabeza y la cola tienen la misma forma. A primera vista no se sabe cuál de los dos extremos es la cola y cuál es la cabeza.

Fíjate en los dos extremos de esta serpiente ciega. ¿Puedes distinguir la cola de la cabeza?*

*La cabeza de la serpiente está en el extremo inferior de la imagen.

Este ofidio de piel brillante es una serpiente del fango. Se alimenta de animales que viven bajo tierra.

Madrigueras ajenas

Algunas serpientes no cavan sus propios túneles sino que usan los que han hecho otros animales. Cazan roedores y otras presas que viven en madrigueras e incluso otras serpientes subterráneas.

Serpientes cortas de vista

La mayoría de las especies que viven bajo tierra tienen los ojos pequeños y muy simples en comparación con otras especies. Ven muy mal o son completamente ciegas pero como no hay mucha luz donde habitan, la vista no les hace falta y se guían por el olfato para localizar a sus presas.

La serpiente hilo de Occidente tiene los ojos diminutos y su vista es muy pobre.

Escondites

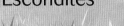

Los huevos se hallan más protegidos de los depredadores bajo tierra que en la superficie.

Las serpientes que suelen vivir en la superficie cavan túneles en algunas ocasiones. La culebra rata y la serpiente real lo hacen para evitar las temperaturas demasiado calurosas del exterior. La serpiente toro de Norteamérica excava una cámara subterránea para poner sus huevos.

Dato: Algunas serpientes ciegas despiden un olor que evita la picadura de las hormigas que cazan para alimentarse.

Las mordeduras ....

Miles de personas reciben mordeduras de serpiente cada año pero normalmente no es porque los ofidios sean agresivos hacia los seres humanos; cuando atacan es porque se sienten en peligro.

En caso de mordedura

Aunque una persona haya recibido una mordedura, esto no quiere decir que vaya a morir. Hay muchas serpientes cuyo veneno es demasiado débil y no afecta seriamente a los humanos. Aun así, el veneno de cualquier tipo pone enferma a la persona y ésta requiere atención médica.

A la izquierda, un grupo de víboras diamante, especie responsable de la muerte de muchos seres humanos todos los años.

Mordedura de advertencia

Hay especies venenosas que no inyectan veneno cuando muerden a un ser humano. Después de haber inyectado veneno, las serpientes tienen que esperar para disponer de otra dosis y en vez de malgastarlo en presas que no se van a comer, se limitan a darles una mordedura de advertencia.

Contra las mordeduras

Unas 50 especies de serpientes inyectan veneno mortal para el ser humano. La víctima no suele morir si recibe una medicina, llamada antídoto o suero, inmediatamente. El antídoto se elabora a partir del veneno de la serpiente y la víctima suele sobrevivir si se le administra en cantidad suficiente nada más recibir la mordedura.

El veneno de esta víbora se recoge primero en un recipiente y más tarde se usa para elaborar el antídoto.

Antídotos diversos

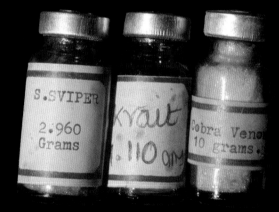

Los antídotos de estos frascos pueden salvar la vida de personas que han recibido mordeduras de serpiente.

El veneno de cada especie tiene sus propias características, por eso es necesario crear diferentes antídotos para tratar las diversas clases de mordeduras. Es muy importante saber de qué tipo de serpiente es la mordedura para que los médicos puedan administrar el antídoto correcto al paciente.

¡No dejes que te muerdan!

Claro está que para empezar lo mejor es no recibir la mordedura. Basta con tomar algunas precauciones si vas a pasar por zonas donde puede que haya serpientes:

- ¡No molestes a las serpientes! Si tú no las molestas, ellas te dejarán en paz.

- Lleva siempre cubiertas las piernas y ponte unos zapatos resistentes. Evita andar por hierba crecida.

- No recojas nunca una serpiente aunque parezca sin vida. Puede estar herida, desvanecida o incluso haciéndose la muerta.

Dato: Unas 25.000 personas mueren a causa de mordeduras de serpiente cada año.

53

Especies amenazadas

Mucha gente teme a las serpientes por su reputación mortífera pero en realidad las serpientes tienen más motivos para temer al hombre. Se cazan por su piel, sus hábitats son destruidos con gran frecuencia, y muchas de ellas mueren bajo las ruedas de coches y camiones.

Selvas amenazadas

En las selvas tropicales, hogar de muchas especies de serpientes, todos los años se talan millones de árboles para obtener madera o dar paso a la agricultura.

La destrucción del hábitat afecta a las serpientes porque desaparecen sus refugios y sus presas se ven forzadas a huir. Las serpientes no pueden recorrer grandes distancias y, al no poder escapar, mueren.

La tala de los árboles es una actividad que causa graves daños a los hábitats de las serpientes.

Las víboras de Milo sólo se hallan en algunas de las islas griegas, entre ellas la isla de Milo, que da origen a su nombre.

Mercado de pieles

El mercado de la piel de serpiente para la fabricación de monederos, bolsos y botas mata a más de un millón de serpientes al año. Para poner freno a la caza de serpientes, la India y otros países han prohibido la exportación de pieles.

Este bolso de piel de serpiente lleva de adorno una cabeza de cobra.

En peligro de extinción

El número de ejemplares de algunas especies de serpientes disminuye con gran rapidez. Por ejemplo, sólo quedan 2.500 víboras de Milo porque se han visto afectadas por la industria minera, los fuegos forestales y el tráfico rodado. El gobierno griego se encuentra bajo presión para que aplique medidas legales de protección antes de que se extinga esta víbora.

Muertes en carretera

Muchas serpientes mueren bajo las ruedas de coches y camiones. A menudo se construyen carreteras en sus hábitats y las serpientes, al no poder desplazarse con rapidez, no pueden apartarse del paso de los vehículos.

 Link de Internet

Página que recoje muchas de las creencias y mitos que existen sobre las serpientes y explica lo que hay de cierto en ellos.

Para acceder a la página reseñada y a otros muchos sitios web visita: www.usborne-quicklinks.com/es

 Dato: Desde el año 1800 casi la mitad del área total de las selvas tropicales del mundo ha sido destruida.

 55

Ritos y leyendas

Durante muchos miles de años las serpientes fueron consideradas seres misteriosos e incluso mágicos. Han protagonizado leyendas, cuentos antiguos, ritos y creencias religiosas.

Una leyenda

Víboras venenosas de Wagler como ésta viven entre los pilares y las estatuas del templo de las serpientes de Penang.

Existe un templo budista en la isla de Penang (Malasia) habitado por crotalinos venenosos. Fue construido en 1850 como tributo a un monje muy respetado que cuidaba serpientes.

Cuenta la leyenda que el día en que se finalizó la construcción del templo, las serpientes acudieron a habitarlo. Hoy en día el templo es una atracción turística y se traen víboras de los alrededores para que no falte su presencia.

Un monstruo mitológico

En la mitología griega existía un monstruo llamado Medusa cuya cabellera estaba formada por serpientes. Medusa convertía en piedra a quien la miraba hasta que, según la leyenda, un héroe llamado Perseo la mató cortándole la cabeza.

La cabeza de Medusa, parte de una escultura de un museo de Roma (Italia)

Danzas con serpientes

Para los hopi, un pueblo indígena de América del Norte, las serpientes son mensajeras de los dioses. Hasta hace poco tiempo, celebraban nueve días de ritos durante los que capturaban serpientes cascabel y las lavaban. El último día danzaban con ellas entre los labios y las dejaban en libertad. El rito tenía como fin asegurar una buena cosecha y abundantes lluvias.

Un indígena hopi vestido con ropa ceremonial

Serpientes encantadas

El encantamiento de serpientes es un arte muy antiguo y muy peligroso. El encantador toca la flauta a escasos pasos de una serpiente, normalmente una temible cobra. Cuando mueve su flauta de un lado a otro, la serpiente se balancea como si siguiera el compás de la música. Como las serpientes tienen mal oído, lo más probable es que la cobra siga los movimientos de la flauta porque cree que va a ser atacada.

Se pueden ver encantadores de serpientes como éste en la India.

Dato: La mayoría de los encantadores de serpientes cuidan a estos animales pero algunos les cosen la boca o les quitan los colmillos porque temen su mordedura.

Datos de interés.....................................

Las serpientes son unos animales fascinantes sobre los que puedes aprender muchas cosas. Explora más a fondo los datos de interés que hemos recogido en estas páginas.

∞ La víbora de morro puntiagudo también se conoce como "la de los cien pasos" porque se supone que la persona que recibe su mordedura sólo puede dar cien pasos antes de caer muerta.

Una víbora de Russell mortífera

∞ La víbora de Russell se cuenta entre las serpientes más peligrosas del mundo. Cada año su mordedura es responsable de la muerte de 10.000 personas como mínimo.

∞ La corredora de Antigua es una de las serpientes más escasas. Sólo se encuentra en las islas cercanas a la costa de Antigua, en el mar del Caribe. Se calcula que quedan menos de un centenar de ejemplares en libertad.

∞ La víbora saltadora de América Central lleva este nombre porque cuando se lanza a atacar suele dar un salto de casi un metro de altura.

∞ Todas las serpientes tienen un estómago alargado y grande, pero existen algunas cuyo estómago ocupa un tercio de la longitud del cuerpo.

Una cría de cobra real

∞ En partes de Asia existía la creencia de que las cobras reales representaban al dios sol y poseían poder para controlar el clima. Las cobras continúan gozando de gran respeto en estos lugares y también guardan asociaciones importantes con el budismo y el hinduismo.

∞ Las mordeduras de las crías de serpiente son tan venenosas como las de las adultas y hasta pueden ser bastante más peligrosas porque suelen ser mucho más agresivas que sus padres.

Habrás observado que las serpientes nunca parpadean. Se debe a que no tienen párpados. No obstante, los ojos están protegidos por una escama transparente.

Aunque no lo puedas ver, el ojo de esta culebra jarretera tiene una escama protectora.

En Haití, un país caribeño, uno de los dioses más importantes del culto vudú es Damballa, el dios-serpiente que vive en los árboles.

La víbora del Gabón tiene los colmillos más largos. Alcanzan los 5 cm de longitud.

En el interior de la boca de esta víbora del Gabón puedes ver claramente los largos colmillos.

Algunas de las serpientes primitivas están emparentadas con las serpientes boa y pitón de hoy en día. Vivieron hace 100 millones de años, cuando los dinosaurios dominaban nuestro planeta.

Los aborígenes de Australia a veces comen serpientes pitón. Enroscan el cuerpo de la serpiente y lo cubren con arcilla antes de asarlo sobre una fogata. En zonas de África y Extremo Oriente también se come la carne de pitón.

Si se dan un buen festín, algunas serpientes no necesitan volver a comer durante un mes. Ciertas especies grandes, como las anacondas, pueden dejar pasar un año antes de volver a alimentarse.

Glosario

El glosario explica el significado de algunas palabras que es muy posible que encuentres cuando leas sobre los ofidios. Las que aparecen en *cursiva* también figuran en la lista por orden alfabético.

acuático Animal que vive en el agua.

amenazado En peligro. Una *especie* de animal o planta que corre peligro de desaparecer.

animal de sangre caliente Animal que puede producir calor propio, no depende de los cambios de temperatura de su entorno y se mantiene caliente cuando hace frío.

animal de sangre fría Animal cuya temperatura corporal cambia con la de su entorno, no puede producir calor propio y tiene que ponerse al sol para calentar su cuerpo.

antídoto Medicina que sirve para combatir la mordedura de una serpiente venenosa. Puede anular los efectos del *veneno*.

aparearse Juntarse un animal con otro de distinto sexo para *reproducirse*.

arborícola Animal que vive en los árboles.

batida de caza Una caza organizada para hacer salir a un animal de su escondite.

camuflaje Dibujos, forma y coloración del cuerpo de un animal que le ayudan a confundirse con el entorno y a ser muy difícil de ver.

capucha Piel que cubre las costillas del cuello de las cobras. La despliegan cuando se irritan.

cascabel Escamas viejas que tienen algunas serpientes en la punta de la cola y que suenan al moverse.

colmillo Diente largo y afilado. Los de algunas serpientes sirven para inocular (inyectar) veneno.

conservación Protección y preservación del medio ambiente y de las plantas y los animales que lo habitan.

constrictora Serpiente que mata a otros animales enrollándose sobre ellos y asfixiándolos hasta que dejan de respirar o el corazón deja de latir.

depredador Animal que caza otros animales para alimentarse.

eclosionar Romper el cascarón. Las crías de serpiente tienen un diente especial para rasgar la cáscara del huevo y poder así salir de él.

especie Tipo de planta o de animal.

especies protegidas *Especies* cuya caza está prohibida porque corren peligro de *extinción*.

esperma Células sexuales masculinas.

extinción Desaparición de todos los miembros de una *especie*.

fosetas termorreceptoras Órganos cerca de la boca de algunos ofidios con los que detectan los cambios de temperatura en el entorno y localizan así a sus presas.

hábitat Lugar con condiciones favorables para que viva un grupo de plantas o animales.

herpetología El estudio de los reptiles.

hibernar Dormir durante un periodo largo de tiempo, por lo general en los meses fríos.

incubar Mantener los huevos a la temperatura correcta para que la cría crezca y se desarrolle en el interior.

inmune Resistente a una enfermedad o a un veneno.

medio ambiente Entorno natural que rodea a las plantas y a los seres vivos.

migrar Hacer un largo viaje en busca de comida o de un lugar más cálido.

movimiento de acordeón Método de desplazamiento ondulatorio, consistente en plegar y desplegar el cuerpo. Las serpientes se desplazan de esta manera dentro de los túneles ayudándose con las paredes de los mismos.

movimiento lateral Método de desplazamiento que consiste en lanzar el cuerpo en forma de bucle hacia un lado. Así avanzan las serpientes del desierto.

movimiento rectilíneo Método de desplazamiento en línea recta.

movimiento serpentino Método de desplazamiento en el que se avanza haciendo "eses". Es el tipo de locomoción que usan la mayoría de las serpientes.

ocelo Dibujo parecido a un ojo en la parte de atrás de la cabeza de las cobras.

ofidios Grupo de reptiles al que pertenecen las serpientes.

órgano de Jacobson Órgano especial para detectar olores situado en el paladar de algunos animales.

ovíparo Animal que nace de un huevo que se abre fuera de la madre.

ovovivíparo Animal que nace de un huevo que se abre dentro de la madre.

pareja Cada uno de los dos animales que se juntan para *reproducirse*.

presa Animal que se captura para servir de alimento.

reproducirse Tener crías.

reptil Animal de *sangre fría* con el cuerpo impermeable y cubierto de escamas.

selvas tropicales Selvas muy húmedas y cálidas situadas en los *trópicos*.

sofocar Impedir la respiración en un animal hasta hacerlo morir por asfixia.

trópicos Regiones cálidas y húmedas cercanas al Ecuador, una línea imaginaria alrededor del centro de la Tierra.

veneno Sustancia que inyectan algunas serpientes para matar a sus presas.

vivíparo Animal que se ha desarrollado dentro de la madre y nace en un parto.

Cómo usar Internet ....

Esta página contiene más información acerca de los links de Internet y algunas pistas para navegar por la red de una forma más rápida y segura. En el reverso de la cubierta encontrarás más datos.

Quicklinks Usborne

Para acceder a los sitios web que describimos en este libro, no tienes más que visitar la página **www.usborne-quicklinks.com/es** y seguir unas instrucciones muy sencillas. Los enlaces te llevarán directamente a las páginas web y a las ilustraciones del libro que se pueden descargar gratuitamente. Puedes imprimir las ilustraciones siempre que sean para tu uso personal, por ejemplo para tareas escolares, pero no se deben copiar ni distribuir con fines comerciales.

Ayuda

Si necesitas ayuda en general o algún consejo sobre el uso de Internet visita la página **www.usborne-quicklinks.com/es** y a continuación haz clic en **Guía de Internet**. Para encontrar información adicional sobre tu navegador, haz clic en el botón **Ayuda** del navegador. Una vez abierto el menú, selecciona **Contenido e índice**, donde encontrarás un gran diccionario que enseña a navegar mejor por Internet. Si lo que necesitas es apoyo técnico actualizado para tu navegador, selecciona **Soporte técnico en línea** para visitar el centro de atención técnica que corresponda a tu navegador.

Virus informáticos

Los virus informáticos son programas que pueden causar graves problemas a tu ordenador. Entran al descargar programas de Internet o con un archivo adjunto a un mensaje de correo electrónico. Hay programas anti-virus a la venta y también los puedes descargar de Internet. Aunque sean caros, ahorran el coste que supone arreglar un ordenador infectado. Para más información sobre los virus informáticos visita **www.usborne-quicklinks.com/es** y haz clic en **Guía de Internet**.

La seguridad en Internet

Para evitar errores al teclear que pudieran conducir a páginas equivocadas o de un contenido inapropiado, el acceso a los sitios web que recomendamos en este libro sólo se consigue a través de nuestra página **www.usborne-quicklinks.com/es**

Sigue estas indicaciones al navegar por Internet:

- Pide permiso a tus padres, profesores o al dueño del ordenador antes de conectarte. Si lo consideran necesario, permanecerán contigo mientras navegas.

- Si usas un buscador, lee la descripción antes de hacer clic en una página para asegurarte de que es la que te interesa.

- Si la página web en pantalla no es la que buscabas, pulsa el botón rojo **Detener** en la barra de herramientas web para detener la descarga. Para volver al sitio web anterior, pulsa el botón **Atrás**.

- No debes dar nunca tus datos personales verdaderos, como tu nombre, dirección o teléfono.

- No debes quedar nunca en encontrarte con una persona a la que has conocido a través de Internet.

> Links directos a todos los sitios web recomendados a través de nuestra página:
>
> **www.usborne-quicklinks.com/es**

Índice

Agradecimientos ....

Se han tomado las medidas oportunas para identificar a los titulares del copyright del material utilizado en esta obra. La editorial pide disculpas en caso de posibles omisiones y se compromete a subsanar cualquier error en futuras ediciones, siempre y cuando se reciba la notificación pertinente. Usborne Publishing agradece a los organismos y personas que a continuación se citan la autorización concedida para reproducir el material gráfico utilizado.
Clave: a (arriba) b (abajo) c (centro) d (derecha) i (izquierda).

Portada © Joe McDonald/CORBIS; **p1** © Chris Mattison; **p2** © Michael & Patricia Fogden; **p4** (ai) © Chris Mattison, (c) © Steve Kaufman/CORBIS; **p5** (ai) © Michael & Patricia Fogden, (ad) © Michael & Patricia Fogden/CORBIS, (b) © Kevin Schafer/CORBIS; **p6-7** (a) © Michael & Patricia Fogden/CORBIS; **p7** (bd) © The Purcell Team/CORBIS; **p8** (i) © Michael & Patricia Fogden/CORBIS, (ad) © Chris Mattison, (cd) © Chris Mattison, (bd) © Chris Mattison; **p9** (a) © Steve Kaufman/CORBIS, (ci) © Chris Mattison; **p10** © Kennan Ward/CORBIS; **p11** © Carol Hughes/Bruce Coleman; **p12-13** © Colin Varndell/Bruce Coleman; **p12** (a) © Chris Mattison, (c) © Chris Mattison, (b) © Christer Fredriksson/Bruce Coleman; **p13** © Joe McDonald/CORBIS; **p14** (a) © Chris Mattison, (ci) © Rod Patterson; Gallo Images/CORBIS; **p15** © Andrew Bannister; Gallo Images/CORBIS; **p16** (a) © Michael & Patricia Fogden, (b) © Michael & Patricia Fogden; **p17** © Michael & Patricia Fogden; **p18** (a) Ardea/Chris Harvey, (b) © Michael & Patricia Fogden; **p19** © Michael & Patricia Fogden/CORBIS; **p20-21** Martin Wendler/NHPA; **p21** Fritz Polking/Still Pictures; **p22** © Michael & Patricia Fogden/CORBIS; **p23** (a) © Chris Mattison, (ci) © Michael & Patricia Fogden/CORBIS, (bd) © Chris Mattison; Frank Lane Picture Agency/CORBIS; **p24** © David A. Northcott/CORBIS; **p25** (a) © Digital Vision, (cd) © George McCarthy/Bruce Coleman, (b) © Chris Mattison; **p26** Tony Phelps/BBC Natural History Unit; **p27** (a) Ardea/Adrian Warren, (b) © Chris Mattison; **p28** © Chris Mattison; **p29** (a) Brian Kenney/Planet Earth Pictures, (b) Anthony Bannister/NHPA; **p30-31** Telegraph Colour Library/Brian Kenney; **p30** © Jeffrey L. Rotman/CORBIS; **p31** © Michael & Patricia Fogden; **p32** (a) © David A. Northcott/CORBIS, (b) © Joe McDonald/CORBIS; **p33** (a) © David A. Northcott/CORBIS, (b) © Chris Mattison/Frank Lane Picture Agency; **p34** © Michael & Patricia Fogden; **p35** (a) © Michael & Patricia Fogden, (b) © David A. Northcott/CORBIS; **p36-37** (fondo) © Michael Freeman/CORBIS; **p36** © Rod Patterson; Gallo Images/CORBIS; **p37** (a) © Michael & Patricia Fogden, (c) © Robert Gill; Papilio/CORBIS; **p38-39** Brandon D. Cole/CORBIS; **p39** © Stephen Frink/CORBIS; **p40** Joe McDonald/Bruce Coleman; **p41** © Joe McDonald/CORBIS; **p42** (d) © Michael & Patricia Fogden/CORBIS, (ci) © Terry Whittaker/Frank Lane Picture Agency; **p43** (a) © Michael & Patricia Fogden/CORBIS, (b) © John Cancalosi/Bruce Coleman; **p44** © George McCarthy/CORBIS; **p45** © David A. Northcott/CORBIS; **p46** © Joe McDonald/CORBIS; **p47** (a) © Michael & Patricia Fogden/CORBIS, (b) © Michael & Patricia Fogden/CORBIS; **p48-49** © David A. Northcott/CORBIS; **p48** © Chris Mattison; **p49** Jeff Foott/BBC Natural History Unit; **p50-51** © Chris Mattison, (fondo) © Michael & Patricia Fogden; **p50** © Michael & Patricia Fogden; **p51** © Michael & Patricia Fogden; **p52** © Jeffrey L. Rotman/CORBIS; **p53** (a) © Jeffrey L. Rotman/CORBIS, (c) © Jeffrey L. Rotman/CORBIS; **p54** Mark Edwards/Still Pictures; **p55** (a) © Chris Mattison, (b) Ardea/P. Morris; **p56** (a) © Joe McDonald/CORBIS, (i) © Araldo de Luca/CORBIS; **p57** (a) © CORBIS, (b) © Joe McDonald/CORBIS; **p58-59** © Joe McDonald/CORBIS, (fondo) © Chris Mattison; **p58** (a) © Chris Mattison, (i) © Joe McDonald/CORBIS; **p59** © Joe McDonald/CORBIS

Se agradece la colaboración prestada por Rusty Gimpe (EE UU) y Vicente Roca de la Asociación Herpetológica Española.

Usborne Publishing Ltd. no es responsable ni acepta responsabilidad por el contenido o la disponibilidad de las páginas web, a excepción de la página web propia. Asímismo, Usborne declina toda responsabilidad relativa a material que pudiera ser considerado perjudicial, ofensivo o inexacto y que pudiera ser accesible a través de Internet. Usborne no acepta responsabilidades por daños o pérdidas causadas al usuario por virus informáticos que pudieran infiltrarse al visitar las páginas web recomendadas. Las imágenes de Usborne disponibles para descargar son propiedad copyright de Usborne Publishing Ltd. Queda prohibida su reproducción por medios reprográficos o electrónicos para fines comerciales o de lucro.